No me vengas con Poemas si tu cara es un Cuento

No me vengas con Poemas si tu cara es un Cuento

Generación del 24'5
y José Ignacio Moreno Moreno

Círculo Rojo
EDITORIAL

Primera edición: octubre 2024

Depósito legal: AL 2672-2024

ISBN: 978-84-1082-779-0

Impresión y encuadernación: Editorial Círculo Rojo

© Del texto: Generación del 24'5 y José Ignacio Moreno Moreno
© Maquetación y diseño: Equipo de Editorial Círculo Rojo

Editorial Círculo Rojo
www.editorialcirculorojo.com
info@editorialcirculorojo.com

Impreso en España — Printed in Spain

El papel utilizado para imprimir este libro es 100% libre de cloro y por tanto, **ecológico**.

Prólogo

Corren malos tiempos para las emociones y los sentimientos puros. Esos sentimientos que te afloran por el mal o el bien que le sucede a otra persona. Si, cuando te olvidas de ti mismo y solo vives por lo que te aportan los demás.

Es fácil sentir en las cosas que a uno le pasan, lo sublime es empatizar ; algo imposible si no te conoces a ti mismo , ni tratas de cambiar aspectos que te hacen mal y sobre todo si no te aceptas tal y como las experiencias elegidas y las no elegidas te han modelado.

La Generación del 24'5 trata de conocerse a sí mismo, de dar un giro a este destino virtual, seco, aburrido y mecánico.

La Generación del 24'5 es un grupo de alumnos con ganas de experimentar en la estética, en el humor, en el esfuerzo de conocerlo todo, en la duda ante cualquier afirmación, en el placer de aprender, en la amistad más sincera y en la diversión como objetivo principal.

En el año 2024 un grupo de alumnos de 5º de un colegio cualquiera de Guadalajara , ha elaborado un gran trabajo que perdurará para siempre.

Espero que de aquí salgan personas que de adultos sepan ganarse la vida, valoren y cuiden a su familia y amigos, sean personas sinceras, honestas, valientes, luchadoras, justas,… pero sobre todo;

que bien lo han aprendido este curso, que pase lo que pase , por muy duro que sea lo que tengamos que vivir a lo largo de nuestra vida, nuestra estancia en la tierra es un regalo. Aquí hemos venido a aprender y a disfrutar, y cuanto más aprende uno; más formas y más sitios tiene donde encontrar placer y diversión y más herramientas para superar con éxito cualquier dificultad.

Gracias a todos por aportarme tanto en tan poco tiempo. Ha sido un curso en el que he aprendido muchísimo. Gracias por dejaros llevar al mundo mágico de las emociones y de la amistad. Gracias por hacerme sentir de nuevo, que soy capaz de enseñar aspectos fundamentales y también académicos a través de mis experiencias y no solo a través de libros.

Gracias por entender tan bien que lo único en el mundo que tiene valor son las buenas personas. Estos Poemas y Cuentos así lo demuestran. Poemas y Cuentos que salieron por accidente de unos corazones tan limpios que es imposible que no lleguen a emocionarle. Les invito a leer estos sentimientos plasmados en este libro, sentimientos de unos niños despiertos y curiosos con ganas de descubrirse y conocerse a sí mismos.

JOSÉ IGNACIO MORENO MORENO.

POEMAS

Poema para el profe

Se muere
pero no le importa
porque se quiere
por eso lo soporta.

No le teme a nada
aunque se queme
no se enfada.

Una canción le canta
le quiero
aguanta,
a Jara no veo.

Intentas disfrutar,
tú debates
todo lo haces
y consigues aguantar.

Ella te ve y te protege
aunque tú lo dejes,
tres virutas de tu alma,
siempre te ama.

Jose no dejes de creer.

(A.M.V)

Mi madre

Siempre recuerdo como me cuidas
muy guapa, ¡la que más!
sonrío si me miras,
gracias mamá.

(A. L. S.)

Mi amiga

Yris , Yris
mi amiga del arco iris
le gusta cantar
le gusta bailar ,
y montar en bici.
Yris , Yris.

(R. P. A.)

Los Regalos

Papá Noel,
sentado en un banco
con él siempre lleva,
un gorro rojo y blanco.
En Nochebuena reparte los regalos
y el seis de enero,
lo hacen los Reyes Magos.

(*L. S. de la C.*)

Navidad

Llegó la navidad
con su alegría y su paz
a veces con sus lágrimas
por la gente que no está.

Los regalos se amontonan
comemos sin parar
llena tenemos la boca,
la barriga va a estallar.

Decoramos nuestra casa
con el belén y el árbol
así damos sentido,
a lo que pensamos.

Nuestra casa se ilumina
con la estrella de Belén
como los ojos del niño
que acaba de nacer.

Lo importante de la navidad
no es la comida
ni los regalos
sino estar en familia.

(F. J. P. P.)

Flor

Mi mamá no es una flor
es un jardín
paraje multicolor
que me hace sentir.

Para mí has sido
mi amor,
mi mundo
 lo más querido.

En mi cabeza la más hermosa,
en mi jardín ha crecido
la más bella de las rosas,
que jamás nadie ha tenido.

(L. S. DE LA C.)

Cómo tú hay pocas

Cuando miro tus ojos
me llenas de alegría,
me enojo;
si de amor me vacías.

Aunque lleves alguna enfermedad
aunque me lo contagies
no es la realidad,
tus pies se van de viaje.

Amor siento si me tocas
me pongo contento
esto no es un cuento
como tú hay pocas.

(A. F. G.)

Luciérnagas

Nos da igual
que cuelguen de los balcones
millones de luciérnagas.

Faltan corazones
que no están
en el cielo brillan
estrellas de libertad.

(A. F. G.)

Mi galaxia

Mi galaxia
mi mundo,
lo que ven las personas
 es un muro.
Si no tuviste infancia
ni planeta, ni estrella
ni galaxia,
esperas y esperas
artífice de tu ignorancia.

(L. U. V. F.)

Compañera

Jade,
mi amiga y compañera
brillante sonrisa
se ilumina la escalera;
es buena
pero es la guerra.

(N. E. J. J.)

Tu latido

Abres los ojos y sale el sol
sale el sol y se ilumina el cielo
el cielo son tus besos,
tus besos son como acariciar una nube
y esa nube es el latido de tu corazón.

(N. E. J. J.)

Bufo como un gato

Mi madre querida
teje mi corazón
de mí no se olvida
lana multicolor.

Pensarte un rato
es un gran poema,
bufo como un gato
y araño;
por una madre buena.

(S. B. P.)

Nervios

Aquí está la navidad
estoy nervioso,
no se quitará
es algo pegajoso.

Llega ese día
tengo ganas
por la alegría.
no os créais que es por…
la estafa de la lotería.
Es más sencillo,
abrazar los corazones…
de mi familia.

(S. B. P.)

El reno

Una mañana temprano
Rodolfo despertó
con la nariz colorada
mocos y tos.

Cuando bajaba al trineo
a Papá Noel vió,
que cosas de la vida
que él también se resfrió.

Hoy es Nochebuena
regalos hay que entregar
si el resfriado no mejora
habrá que cancelar.

Bufanda de lana
y gorro de pelo
ponte calentito
que te espera algo bueno.

(J. P.)

Brisa

Voy para delante
viene un amigo
y con él ,
corre la brisa, corre el aire.
Le doy la mano,
para todo lo que hace.

(J. P.)

Bombón

Jugosa tu mirada
blando el corazón
los ojos chocolate
mami , sabroso bombón.

(N. A. E.)

Peluche

Tu mirada recuerdo
siempre estuve para ti
suave es tu pelo
como un peluchín.

(V. M. P.)

Despertar

Qué sonrisa
en la mañana al despertar,
me preparas el desayuno
¡qué rico está!

(N. R)

La más guapa

Ojos marrones color café
como un espagueti el pelo rizado,
siempre te tendré
en éste o en otro lado.

(C. DEL E. M.)

Corriendo como galgos

Se preparan las familias
en esta fecha especial
vamos viviendo los días
llega la Navidad.

Los platos saltan
la mesa grita enseguida,
estamos todos juntos
en amor y compañía.

Las casas decoradas
los niños corriendo como galgos,
como una reala
¡a las madres les va a dar algo!.

(P. B. C.)

Paz

Hasta él quiero yo llegar
darle mil regalos
luz, amor y paz.

El sol se ha detenido
ya no habrá oscuridad
te querré,
te quiero,
te he querido.

(J. M. P.)

Enseña

Un gran amigo
es alérgico,
siempre está conmigo.

No hay contratiempo
él enseña,
yo aprendo.
Él no engaña
cuando habla le entiendo.

(A. M. V.)

Poema dedicado

Muy cariñosa
que buen rato,
la más hermosa
siempre le acabo abrazando.

Este poema
está dedicado,
por eso ama
hasta el más refinado.

(A. M. V.)

Vida

Mira… el corazón caliente
mira… que me entra la risa,
mira… no soy consciente
mira… de que eres divertida,
mira la vida, mira…

(*C. del E. M.*)

Rabia

Un trozo de tocino
de carne de humano,
con rabia camino
me estoy alejando.

(A. B. C. D.)

El tiempo

Se cierran las puertas
y funciona todo,
porque tengo la tuerca
enroscada en el codo.

(L. N.)

La herida

Me levanté y tenía una herida
profunda ;
pero apenas dolía.

Solo era el miedo
el miedo que yo tenía,
a las cosas nuevas
a enfrentarme a la vida.

(D. G. F.)

El aficionado

Tengo un profesor parecido a Machado,
es poeta
y a la vez aficionado,
de flores su metralleta
corazón acolchado.

(J. P.)

Pantalón manchado

Me encontré a mi madre;
en la mesa…
el pantalón manchado
se pone siesa:
-¿ Cómo ha sido? No quiero ni pensarlo.

(*N. M. R.*)

Por un pelo

Ayer ví un gato
que le faltaba un pelo en el bigote
me fui a por él , hacía que no corría tanto,
le agarré y me arañó el cogote.

(A. L. S.)

Pensamientos

Estoy sentado encima
encima de mi cabeza,
se amontonan pensamientos
la rabia,
organizarlos no me deja.

(I. L. Z.)

El agua está helada

Veo una cascada,
de lindas gotas
está poblada.

Me meto,
¡uf! , me meto al agua
¡ahh! que fría,
está helada.

(L. U. V. F.)

Mi oasis

Estoy en el desierto
me siento cansado
no puedo respirar,
el aire me está faltando.

El camino de arena
me lleva a la cascada,
se acerca una hiena
su furia me calma.
¿ Qué hago en un oasis,
en medio del Sahara?.

(L. U. V. F.)

Por su amor muero

Y siguió camino arriba
por la luna y más allá,
pues lo malo es que ella no iba
de la mano de su papá.

Andaba enfadado
hablaba y hablaba
muy estresado,
sus besos buscaba.

Por su amor muero
mi bombón,
derrite mi corazón
el calor del sol quiero .

(A. C. C. L.)

Mi selva

Bienvenidos a mi selva, Jocelyn Bell
de su verdor me he marchado
que me quiten lo bailado,
me lo pasé muy bien.

Entre risas y bromas he estado
en el aula de 5º B
si quieres que te cuente más cosas,
escúchame...
sacarán brillantes notas,
corazones que nunca olvidaré
uña y carne,
abeja y miel.

Mi mejor amiga
ella es Raquel,
hemos hecho travesuras
por eso me cae tan bien.
En mi corazón siempre estará.
¡Toma ya!

(Y. D. F.)

Mi Tom

Leche con chocolate
su pelo rizado,
mi corazón dulcemente late
solo con abrazarlo.

De chocolate es un bombón
es mi hermano,
perrito juguetón
¡te amo!

(Y. D. F.)

Esencia de amor puro

Hablan de quitarme
justificado enfado,
paran de mirarme
todo está empezando.

Yo quería ir
lejos, al Sahara
quería vivir,
me reñían, me odiaban.

Me engaño, lo sé
si no lo hago
te volveré a perder.

No soy quien parezco,
la vida me pisa
todos tenemos miedo
de quien odio mastica.
Soy justo
me critico,
esencia de amor puro
único, específico.

(A. M. y J. I.M).

Tu hijo y tu amigo

Muchas semanas dentro de ti
nos hizo inseparables,
cuando estoy lejos de ti
es algo insoportable.

Tú me diste la vida
y estoy agradecido
si no encuentro salida
siempre cuento contigo.

No te fallaré nunca
seré tu hijo y tu amigo,
si llevas peluca
la tejeré de hilo fino.

Ya no sé que más decir
solo, te quiero mucho;
que sin ti no sé vivir
en mi mente tu dulce voz escucho.

(A. F. G.)

Como la trucha al trucho

Mi madre,
le quiero más que a nadie.
Mi madre sabe mucho,
ella es trucha , yo soy trucho.
Mi madre es un sol,
no hay día gris si oigo su voz.
Mi madre,
le quiero más que a nadie.

(P. B. C.)

49

Vuelta a España

En el aeropuerto familias despidiéndose,
lágrimas y sonrisas
con estrés por colocar la valija
tose que tose
la azafata en la cabina.

Al fin en España,
cinco años de mi vida en una maleta
la mirada te cambia
amistades, corazones, sensaciones nuevas.

(N. H. C.)

GENERACIÓN DEL 24'5

La clase de 5ºB es una selva
los alumnos alborotados
como monos a la carrera
de rama en rama colgados.

Los árboles gritan
como profesores asustados,
quiero dar vida
que no tiren piedras sobre su propio tejado.

Este curso durará cien años
¡cómo nos reímos!,
nunca podrás olvidarlo.

Este curso durará cien años
lo aprendido,
en tu corazón guardado.

(JOSÉ IGNACIO MORENO)

CUENTOS

ALISA Y LA FLOR DORADA

Había una vez una hermosa princesa llamada Alisa. Tenía un precioso cabello y apenas tenía un año de edad. A medida que iba creciendo Alisa empezó a sentir dolores que iban a más. No los aguantaba y salió al jardín dónde en un árbol muy alto encontró una flor, pero no era una flor cualquiera, era una flor dorada.

Alisa se la enseñó a su padre. Él creía que era una simple flor pero Alisa no pensaba lo mismo. Pensaba que era mágica y se fue en busca de un mago para que le aclarara la situación. Llegó a casa del mago. - ¿ me puedes ayudar querido mago?

El mago le dijo: - Verás, te puedo ayudar con tus dolores pero la flor me la tienes que dar. Alisa le entregó la flor. Pero de pronto, apareció el padre de Alisa: ¡ no le des la flor! ¡ ella es muy valiosa!

El padre se abalanzó sobre el mago y le arrebató la flor.

Ya en casa Alisa seguía con sus dolores, la flor era preciosa pero olía extremadamente mal y era imposible mantener la nariz cerca más de un segundo. La dejó en un jarrón con agua en su mesilla.

Estando un día en su habitación Alisa se desmayó de tanto dolor y al caer al suelo tiró el jarrón con la flor dorada. Su padre y su madre entraron asustados a la habitación ya que habían escuchado mucho ruido. Al entrar vieron a Alisa en el suelo y la flor a su lado brillando como el sol.

-¡Oooh! ¡Qué destellos! Decía el padre.

- Pero de algo tiene que servir esa flor tan bonita, aunque huela increíblemente mal . Dijo la madre.

Sin pensárselo dos veces cogió la flor y se la puso en la nariz a Alisa, olía mal pero soltaba un polen mágico que hizo despertar a Alisa.

A partir de ese día Alisa no sintió dolor alguno. A la semana siguiente la flor empezó a marchitar y sorprendentemente habló:
- Alisa devuélveme al árbol del jardín yo en un jarrón con agua no

puede vivir eternamente. Alisa salió al jardín y la puso en su sitio. La Flor Dorada empezó a brillar y se unió al árbol, consiguiendo un aspecto majestuoso.

Así fue como Alisa curó sus dolores , gracias a una flor: La Flor Dorada.

(N.M. R.)

DAKI Y DEKI

Érase una vez dos monos que vivían en una selva de la Amazonia brasileña, en el Parque Nacional do Jaú. Uno se llamaba Daki y otro Deki.

Daki era un mono normal, vamos; uno más del montón . Era tranquilo y educado.

Deki era todo lo contrario , era el gracioso de la selva, atrevido y descarado.

Ellos dos son grandes amigos, siempre juegan juntos ; desde pequeños en el poblado de madera que construyeron cerca de Papera, junto al río Negro. El poblado es muy importante para ellos porque aparte de ser donde se conocieron , tiene unas vistas alucinantes. Situado en una colina frondosa, a sus pies el Rio Negro ; a su vista la inmensa selva amazónica.

El poblado era turístico y venían animales de toda la selva. Daki vio negocio porque hacían unos caramelos de fruta buenísimos. Deki no dudó en ayudarle. El negocio iba viento en popa hasta que apareció un gorila gigante en la tienda de caramelos, no esperó el turno y cogió con su enorme manaza un puñado de caramelos de plátano del mostrador y se los introdujo en la boca. Daki se enfadó y le dijo que debía esperar su turno y que debía de pagar los caramelos. El gorila con su voz ronca decía una y otra vez que no.

Llegó Deki y no sé por qué irónicamente le dijo: - ya que no ibas a pagar te podías haber comido los caramelos de coco que van muy bien para la ronquera y apenas se venden.

El gorila entró en cólera, salió de la tienda y empezó a romper casas y a echar a todos del poblado. No sé qué leches pretendía Deki con ese comentario pero sucedió todo lo contrario a lo esperado. Todos los monos huyeron a la selva. Daki y Deki vieron que era el momento de ir a su casa a por el mapa de la Banana Trébol.

Y os preguntaréis: ¿ qué es la Banana Trébol?. Es una banana que si te la comes tendrás toda la suerte que desees durante veinticuatro horas.

El mapa lo dejó el fundador del poblado. Dejando claro que en caso de urgencia podían usarla, eso sí, no era nada fácil llegar hasta ella. Se encontraba en el Parque Nacional do Pico da Neblina. Tendrían que atravesar bastantes kilómetros de selva. Tenían que ir rápidamente antes que el gorila destruyese el poblado entero.

Reunieron a todos cerca del poblado para contarles sus pretensiones: - Mañana por la mañana Daki y yo partiremos rumbo Parque Nacional do Pico da Neblina donde se encuentra la Banana Trébol. Ya sabéis que es lo único que nos puede salvar de que destruyan el poblado - .

Salieron antes de que les saludara el sol. Se adentraron en la selva, y tenían que sortear otra colina como la suya pero más alta. Daki al ver lo difícil que iba a ser el camino le propuso abandonar la hazaña y defender el poblado como sea. Deki nunca se echa para atrás y menos si hay que defender a su comunidad. Avanzaron y por casualidad se encontraron con un jaguar muy bonito. Daki le preguntó si podía ayudarles a llegar hasta la Banana Trébol , él es fuerte y podría llevarles cuando estén cansados o por si aparece algún depredador. Al escuchar el problema de su comunidad el jaguar aceptó sin dudar ni un instante. Daki le regaló caramelos de fresa, plátano y arándanos de su tienda.

El jaguar les acompañó durante horas. Daki y Deki se lo agradecieron pero no querían abusar de su bondad , pero el jaguar quería ir con ellos hasta el final. Él sabía un atajo , no podían perder tiempo. Había que pasar por la cueva del oso hormiguero gigante y Deki ; fíjate que era el atrevido, tenía miedo . El jaguar conocía la cueva y aseguraba con firmeza que con él no había nada que temer. El jaguar hizo una antorcha con hierbas secas, ramitas y una rama más grande. Consiguió hacer fuego frotando rápidamente dos ramas secas.

Una vez dentro de la cueva Deki seguía con miedo y haciendo todo el rato preguntitas: - ¿ Nos van a comer?

-No..

- ¿ Seguro?

- Tranquilo Deki, no va a pasar nada.

- ¿ Y si es muy grande?

- ¡ay!, ¡calla pesado! ; disfruta del camino y de estos minerales…son preciosos.

De repente a la derecha se observa un pequeño agujero en la roca. Daki dice: -¡hola!, ¿hay alguien?- . Nadie contesta. Preguntan al jaguar si sabe algo de ese agujero. En ese momento el jaguar se confiesa: - En realidad , no conozco apenas la cueva. Sé que va de un río a otro y no tienes que subir colinas y montañas. Pero yo nunca he hecho el camino entero. Pero el miedo no os lo he quitado yo , el miedo lo habéis eliminado vosotros mismos estando convencidos de atravesar esta cueva para salvar vuestro poblado , ¿cómo os va a dar miedo entrar en una cueva y no os da miedo bajar de un árbol de 80 metros saltando como locos?

Daki y Deki se quedaron pensativos y en ese momento se escuchó una voz muy aguda salir del agujero que decía: - Hola, soy el oso hormiguero. ¡ Contraseña!-. Deki dijo lo primero que se le pasó por la cabeza : - ¡ Hormiga, hormigón, amigo mío mira el melón! - Verás como la haya liado como con el gorila, pensó Daki.

-Pasar anda, yo tampoco me sé la contraseña - . Dijo el oso hormiguero entre risas. Pasaron por el estrecho agujero. Le explicaron el problema y donde iban. El oso hormiguero se unió a la aventura y les guío por la cueva que él si se la sabía de "pe" a "pa".

Salieron de la cueva y ya solo tenían que seguir el curso del río Maiá y atravesar la selva de los monos plataneros. De repente aparecieron monos por todas partes lanzando plátanos a discreción. El oso hormiguero muy habilidoso paraba todos los plátanos con su trompa y el jaguar con sus garras. Al rato los monos se quedaron sin munición y les dejaron avanzar río arriba. Ocho de los monos les siguieron y les preguntaron por su hazaña. Al saber los monos plataneros donde se dirigían les llevaron hasta donde se encontraba el Héroe Mono que poseía la Banana Trébol.

Estaba en un árbol llamado Angelim Vermelho, de los más altos del Amazonas. El Héroe Mono estaba a unos cuarenta metros del suelo. Con un gesto les invita a subir. Después de dialogar les ofrece la Banana Trébol (aunque en realidad les da un plátano normal y corriente).

Los doce , ahora amigos; Daki, Deki, Jaguar, Oso Hormiguero Gigante y los ocho monos plataneros se fueron a toda prisa a salvar a su poblado con lo que ellos creían que era la Banana Trébol.

Al llegar al poblado reunieron a todos los monos y Daki se dirigió a ellos : - Hola a todos , hemos conseguido la Banana Trébol, ahora hay que idear un plan para echar al gorila. Podríamos hacer una trampa, un agujero gigante y hacer que caiga en él. El cebo puede ser dejarle caramelos de plátano , que le encantan , cerca del agujero y cuando vaya a cogerlos , empezaremos todos a lanzar plátanos para aturdirle y ahí entran en acción Jaguar y Oso Hormiguero Gigante que empujarán al gorila al agujero que camuflaremos con ramas y hojas para que no se vea. ¡ Venga a sus posiciones! ¡ cargar bien de munición!. Jaguar , Oso Hormiguero , Deki ; nosotros haremos el agujero al lado de El Árbol Hueco . En cuánto el sol roce la copa de El Árbol viejo , todos allí y en sus posiciones.

Llegó el momento. Todo estaba preparado. Se reunieron. Comieron todos de la Banana Trébol, la suerte estaba asegurada. Seguidamente se pusieron en sus posiciones. Y apareció el Gorila que poco a poco se acercaba a los caramelos. Cuando iba a cogerlos empezó la lluvia de plátanos. Jaguar y Oso Hormiguero hicieron su trabajo y todo salió al pie de la letra.

Los doce fueron después a ver al Héroe Mono querían darle las gracias.

El Héroe Mono les dijo: - No ha sido la Banana Trébol la que os ha hecho vencer al gorila, ya que os dí un plátano normal. Lo que ha conseguido esta victoria ha sido vuestra unión , lo habéis conseguido vosotros solos. ¡ Enhorabuena!

Moraleja: Para hacer algo difícil lo único que hace falta es tener amigos. La unión hace la fuerza.

(S. B. P.)

FEDERICO Y EL ELEFANTE MULTICOLOR.

Federico era un chico muy bueno, rubio y con ojos marrones. Tenía quince años y sacaba excelentes notas. Vivía en una casa azul , la única; en un bonito pueblo manchego. Le encantaba el colegio y sobre todo un cuadro que había colgado en su aula , que por lo visto era del fundador del colegio y nadie se atrevió a quitarlo de allí. Decían que guardaba un gran secreto y eso no se le quitaba de la cabeza a Federico.

El cuadro era grande con un elefante con las patas de colores, era precioso.

Un día en un examen de matemáticas Federico quedó hechizado mirando el cuadro largo rato y de repente empezaron a brillar las patas de Elefante Multicolor (que así se llamaba el cuadro) y el elefante salió del cuadro y le tocó con una pata .El aula se puso por completo azul y desapareció toda la clase. De repente Federico estaba en el mar , flotando a la deriva. A lo lejos ve una barca que se acerca: - ¡ pero si no hay nadie! - . Se va a subir a ella y dentro está el cuadro del fundador del colegio. Se queda alucinado.

Lo mira y de nuevo queda hechizado por su hermosura. De repente sale una pata multicolor del cuadro y toca a Federico. Federico no ve nada , todo se ha vuelto de color rojo: el agua, la barca, el cielo,.. Cierra los ojos. Se los frota porque está alucinando. Los abre y...¡fascinante! Estaba en lo alto de un volcán , era el Teide y estaba activo ; soltaba lava al exterior, y empezaba con erupciones cada vez más agresivas. Salió corriendo asustado montaña abajo. Tropezó y cayó rodando hasta parar con la entrada de una cueva. Dio tres pasos y...- ¿ de verdad?, ¿ aquí también el cuadro?

No se lo podía creer, Federico ya esperaba que sucediera algo , se quedó mirándole a ver si se quedaba hechizado y volvía a su clase.

Estuvo un rato y nada.. Se dio la vuelta para seguir su camino pero sintió un golpecito en el hombro, se giró y era Elefante Multicolor, me volvió a tocar con la pata y todo se volvió verde. Federico cerró los ojos y pidió regresar a clase. Los abrió y…miró para arriba y había muchos árboles. Miró para abajo y tenía agua hasta más arriba de la cintura. Estaba en un manglar, no sabía si en Camboya o a saber. Había muchos monos, pero que raro no estaban de rama en rama por los árboles; estos monos buceaban , eran los llamados Monos Buzo. Les enseñaron esta mezcla entre selva y playa con vegetación, que llamaban El Manglar de los Monos Buzo. Era precioso el lugar. Además tenían cabañas hechas en los árboles. Federico decidió irse a una cabaña a descansar, eran demasiadas emociones.

Entra en la cabaña Grande, cierra la puerta . - ¡ no puede ser! - . El cuadro del Elefante Multicolor estaba allí también . Parpadeó Federico y en ese instante y de manera veloz salió una pata del elefante del cuadro y tocó a Federico. Todo se volvió amarillo. Cerró los ojos. Al abrirlos estaba en un desierto.

Observa detenidamente los cactus, los camellos, las preciosas dunas de arena,.. Tiene mucha sed y decide subirse a una duna a ver si hay algún pueblo o algo.. Cuando está arriba no sé lo puede creer pero ve un río y mucha vegetación. ¿ Será un oasis? ¿o un espejismo? Hay que comprobarlo. Se va acercando y cuando está a punto de llegar todo desaparece y no hay más que arena por todos lados. Sigue andando y desde otra duna ve un reloj de arena gigante a lo lejos. Llega hasta él y cuando está a punto de caer el último granito de arena. Al caer este último granito aparece el elefante multicolor frente a Federico que le grita : ¡ el examen Federico que no has empezado! De repente al elefante le empieza a salir pelo rizado y a transformarse en un humano. Federico se frotó los ojos y al abrirlos descubrió que se encontraba en clase rodeado de sus compañeros. Termino el examen corriendo como pudo.

Una semana después…

El examen lo aprobó por los pelos, pero en el cuento que tenían
que inventar para la asignatura de Lengua sacó un diez. A su pro-
fesor le fascinó las aventuras de Federico y el Elefante Multicolor.

(A. F. G.)

AVENTURAS DEL HUSKY Y LA HUMANA

En un bonito pueblo asturiano, Ribadesella, vivía Carol. Ella siempre quiso tener un perro . De pequeña no pudo pero cuando se hizo mayor fue a una perrera del pueblo y adoptó un husky, esta raza de perro es preciosa, con ojos azules . Estaba muy contenta.

Ya en casa , como vivía sola , le preparó una habitación para él con vistas al mar Cantábrico. Espectaculares vistas.

La primera noche que pasó allí , estando Carol en su habitación oyó como se cerraba una ventana por el viento en la habitación del husky ; al que llamó Roko. Se levantó de la cama medio dormida y al llegar a la habitación de Roko vio que las ventanas estaban abiertas y él no estaba. Tenía tanto sueño que Carol volvió a la cama. – Será un sueño - . Se dijo entre bostezos.

Al despertar al día siguiente fue rápidamente a la habitación de Roko y ... allí estaba durmiendo plácidamente. - ¿ Qué habrá pasado ayer?, ¿ era un sueño?

Bajan a desayunar y en las noticias de la televisión están hablando de un monstruo que anoche salió del mar, medía unos veinte metros de altura. Afortunadamente dicen que un superhéroe con capa de color violeta que lanzaba rayos láser le ha ido espantando hasta que se metió de nuevo en el mar.

- ¿ Roco? No , no puede ser. Es a la misma hora pero no han dicho que fuese un perro, han dicho que un superhéroe es el que lo ha llevado hasta el mar, y ni siquiera una foto clara, solo cuatro videos desenfocados.

Carol cree que Roko tiene algo que ver con el suceso del monstruo.

Esa misma noche , se acuestan. Cuando Carol está en la cama oye el sonido de unas patitas de perro por el pasillo. Se hace la dormida. Roko se para frente a ella , le mira. Se da media vuelta y se va a su habitación. Carol sale en silencio detrás de él y se queda en la puerta de la habitación de Roko. El perro bebe de un recipiente. Y de repente se pone a dos patas , se queda erguido. Sufre una metamorfosis en toda regla. Se le estiran las patas, le salen dedos, le desaparece el pelo,… Se convierte en un humano.

Carol entra en la habitación y él se dirige al amario. Se miran. Él se pone un traje verde y una capa color violeta. Le ofrece a Carol un traje verde y una capa rosa y le dice: - con esto podrás volar y tendrás rayos láser por si quieres venir conmigo a vigilar y a ahuyentar al monstruo del Cantábrico -. Carol no sé lo pensó dos veces y se puso el traje y la capa. Salieron por la ventana. Se sentaron en una nube frente al mar a esperar. Pasaban los minutos y el monstruo no salía. De repente salió del mar lentamente y Roko y Carol se plantaron frente a él. - ¿qué quieres Monstruo del Cantábrico?-. Le preguntó Carol mientras Roko ya le había lanzado dos rayos láser. – No preguntes tanto y actúa -. Dijo Roko. – Primero el diálogo , no seas salvaje Roko. Le contestó Carol. El monstruo les dijo que él es acuático que solo sale a ver la luna porque dentro del agua no se ve y le encanta cuando está así como ayer y hoy , tan redonda, tan brillante,.. Así se explicaba Monstruo del Cantábrico y Carol le entendió pero Roko solo quería luchar y lanzar rayos láser, no terminaba de creer al monstruo. Entonces Carol le quitó el traje y la capa a Roko y empezó a sufrir una metamorfosis y poco a poco se convirtió en hasky de nuevo. Monstruo del Cantábrico se metió en el mar y sacó una lubina . Se la dio a Roko y éste se puso muy contento y los tres se quedaron en la playa mirando la luna llena.

(A. C. C. L.)

BÚSQUEDA EN EL OCÉANO

Esta es la historia de la señorita Olivia.

Olivia tiene veinticinco años, es rubia con ojos color miel. Vivía en Yebes con su hermana. Después de marchar a Italia jamás volvió por su pueblo. Todos cuentan su leyenda particular sobre lo que le ha pasado a Olivia para no volver. Pero en realidad lo que sucedió fue esto:

La última vez que se la vio fue cogiendo en el aeropuerto un avión dirección a Italia . Ese avión nunca llegó a su destino. Desapareció. Nadie supo de él hasta hace bien poco. El avión se estrelló en el mar Mediterráneo antes de llegar al aeropuerto de Roma. El equipo de rescate salió desde el puerto a rastrear por el aviso de que un avión no llegó a su destino y se le perdió la señal cien kilómetros mar adentro.

El equipo de rescate lo formaba: Marcos (el capitán), Sara (experta en primeros auxilios), Ángel (el submarinista) y Carlos (experto en islas). La primera vez que buscaron no encontraron nada y dieron al avión por desaparecido. Pero un día después el equipo de rescate recibió unas señales de radio en su emisora que venían de una isla cercana al accidente de avión. La voz decía: ¡está viva!, ¡ está viva!

Se prepararon emocionados puede que encuentren supervivientes . Se montaron en su barca y cogieron rumbo a la isla.

Era una isla deshabitada, empezaba a verse restos del avión. Pero no había ninguna persona, ni viva ni muerta. Era muy raro. Estaban muy extrañados. Con el radar localizaron la posición de las cajas negras del avión. El submarinista hizo su trabajo y las extrajo del fondo. Se acercaron a la isla cercana a investigar las grabaciones por si sacaban información sobre los pasajeros del avión. El Equipo de rescate decidió que tras oír las grabaciones y ver que solo había una superviviente , deberían inspeccionar por si estuviese por la isla y ¡ojalá! que esté viva.

Buscaron y buscaron durante horas, gritando su nombre y ni rastro de Olivia.

Se adentraron en una zona con mucha vegetación y tras unos matorrales encontraron la entrada a un búnker y dentro encontraron un robot gigante y a Pedro Picapiedra. - ¡Qué extraño!- pensaron todos. Tan lejanos en el tiempo uno del otro y ahora juntos. – ¡ Está viva, está viva!.Nos necesitáis para encontrar a Olivia -. Le dijo el robot (ya que Pedro Picapiedra no hablaba ningún idioma).

Las señales de radio recibidas eran de Robot. Él sabía dónde se encontraba Olivia, estaba en la falda de la única montaña que había en la isla. Hacía escasamente una hora escucharon llorar a alguien por allí pero cuando Robot hablaba para comunicarse con ella , Olivia callaba. Estaba muy asustada. Llegaron todos a la falda de la montaña. Una montaña puntiaguda y escarpada. Olivia estaba atrapada entre unas piedras que cayeron de la cima. Pedro Picapiedra intentó mover las piedras y no pudo, eran demasiado grandes. El equipo de rescate sacó una radial de su mochila de herramientas y cortó una de las rocas en dos. Pedro Picapiedra ahora si pudo mover una de esas mitades y lograr que saliese Olivia.

Por fortuna todo salió bien para Olivia . Le gustó tanto la isla que se quedó a vivir allí. Montó apartamentos turísticos y empezó a habitarse la isla. En la actualidad viven trescientas personas. La hermana de Olivia le visita todos los meses, aunque en el pueblo guarda el secreto y nadie sabe dónde está Olivia.

(R. P. A. y L. U. V. F.)

PLANETA VAMPIC

Hace un siglo Damon y Steffan, vivían en un país llamado Vampsilvania, perteneciente al Planeta Vampic que era muy lindo con montañas con nieve y una naturaleza deslumbrante. Muy limpio y ordenado .

Un día como otro cualquiera los Lobos del Planeta Loasco llegaron al planeta Vampic. El planeta Loasco era tremendamente sucio y maloliente, lleno de basura por todos los lados. Los Lobos llegaron a Vampsilvania y empezaron a ensuciarlo todo, a tirar basura y a derribar árboles y casas. En pocos segundos habían arrasado el lugar. Cuando los habitantes de Vampsilvania salieron de sus casas y vieron el desastre enfurecieron. Pronto supieron por las huellas y por el olor fétido que habían sido los Lobos.

Damon , Steffan y los demás limpiaron y ordenaron todo de nuevo.

A los pocos días , la misma función; vamos que pasó lo mismo. Los Lobos volvieron a destrozar Vampsilvania. Entonces Damon llamó a los vampimilitares y decidieron ir al Planeta Loasco. Una vez allí les amenazaron con destruir su planeta entero con una bomba. Los lobos se asustaron y dijeron que no volverían a ensuciar su planeta. Pero lamentablemente Los Lobos volvieron a hacer lo mismo al mes siguiente.

Todos los habitantes de Vampsilvania no entendían esa misteriosa venganza interminable de Los Lobos.

Esta última vez Los Lobos cometieron un error y tiraron la casa del padre de Drácula y el padre de Drácula nunca, pero que nunca perdona. Pero esta vez era diferente, todos los habitantes le decían si sabía por qué Los Lobos querían venganza, Draculaura y Dracudiego (los padres de Drácula) no querían decir nada a los habitantes de Vampsilvania.

Pasaron meses y seguían con la intriga del porqué de la venganza. Drácula y Dracudiego tenían que explicarles ya algo a sus ciudadanos: - Los Lobos un día hace ya muchos años nos robaron una poción muy importante , la pudimos recuperar y ahora la quieren de nuevo - .

No sonó muy creíble y Dracolaura no se pudo aguantar : -" la verdad es que ya hace muchísimos años Los Lobos y los habitantes de Vampic eran muy amigos y vivían todos en paz y armonía en el planeta. Pero una noche de luna llena Los Lobos no se pudieron controlar y sacaron sus colmillos y empezaron a morder a todos los vampiros. Entonces nosotros , la familia Dracupav les echamos uno a uno del planeta. Los Lobos se disculparon en cuanto la luna dejó de estar llena, fue efecto de la luna. Pero no tuvimos compasión y les desterramos a un planeta oscuro, tenebroso y maloliente, un planeta vacío, Loasco . Por eso su venganza." - .

Enseguida todos entendieron el recelo de Los Lobos. Y les invitaron a regresar a su planeta con la única condición que cuando haya luna llena se encierren en casa con llave y la tiren fuera de la casa. Al día siguiente les abrirán a todos y así nadie correría peligro.

Los lobos aceptaron la condición y después de un siglo de luchas y malos entendidos volvieron a ser amigos de los vampiros.

Pero había unos intrusos nuevos que estaban vigilando el planeta Vampic , ¿eran zombies? , ¿ eran zorros? , ¿envidiaban la amistad entre vampiros y lobos? ,¿ también les echaron de Vampic? ¿ Habría algún secreto más de Dracudiego y Draculaura? .

(V. M. P.).

LOS FUTBO-DRACO

1. Formación:

Era un día normal y un niño llamado Izan se fue al parque a jugar al fútbol. Se llevó su balón e hizo un montón de amigos: Javier, James, Samuel, Adrián , Leo, Alejandro,.. Decidieron hacer un equipo y se pusieron a buscar entrenador. Después de mucho esfuerzo le encontraron , se llamaba Mikel Arteta.

Lo siguiente era buscar un nombre para ese equipo y entre todos decidieron llamarse los Futbo-Draco.

2. Entrenamiento:

Entrenaban tres días a la semana: martes, jueves y viernes. El primer día les gustó mucho, estrategias de jugadas, tiros y partido. El segundo día el entrenamiento fue físico , muy duro y cansado pero el entrenador sabía que era la manera de convertirse en buenos jugadores. El tercer día el entrenador dio las posiciones en la que jugarían.

3. Posiciones de los jugadores:

En la portería Keko, defensa central Leo y laterales Alejandro y James, en el centro del campo Santiago , Samuel P. e Izan; y en la delantera Samuel B., Javier y Adrián.

4. Primer partido:

Estaban deseosos , era el primer partido y se enfrentaban al Tedi Bear C.F. Quedaron el año anterior por mitad de la tabla, los novenos de la liga.

¡ Piiiii! ¡ empieza el partido!. Saca Javier y le pasa el balón a Izan; éste a Samuel B. Samuel B. a Adrián y…¡uuyyy! Grita el público emocionado con esta gran jugada de los Futbo-Draco.

El portero del Tedi Bear saca en largo, recibe Chopos Rotos y muy rápido Izan le arrebata el balón y ve a Samuel B. desmarcado. Pase largo , Samuel B. recibe y centra a Adrián que está a su lado. Adrián corre por la banda y centra. Javier está solo , se eleva en el aire y se dispone a hacer una chilena. Golpea el balón y…¡goool!, ¡ qué golazo!.

El partido finaliza con 0-1 . Primera victoria de los Futbo-Draco. Todos estaban muy contentos del partido realizado.

5. Contratiempo:

El martes siguiente llegan todos al entrenamiento antes de tiempo con unas ganas enormes de ponerse a tope para ganar más partidos. Estando todos en la puerta del campo de fútbol esperando al entrenador leyeron en el periódico la noticia de la victoria de los Futbo-Draco. Se pusieron contentísimos pero al dar la vuelta al periódico y ver la contraportada leyeron una noticia de última hora : " Mikel Arteta ha sufrido un accidente de tráfico y ha sido operado esta misma mañana. Según cuentan informaciones del hospital está en perfecto estado pero deberá mantenerse en el hospital dos meses en observación y otros ocho meses en casa en reposo para su total recuperación".

Todos se pusieron muy tristes, irían a verle en cuanto pudiesen . Pero, ¿ qué hacemos con el equipo? Tuvieron una idea: buscar nuevo entrenador. Hicieron carteles con el anuncio de búsqueda de entrenador. Empapelaron la ciudad entera, paredes, farolas, paradas de autobús,..

Al día siguiente se presentó en el entrenamiento un entrenador que había visto los carteles. Se llamaba Jose Ignacio. Al equipo le gustó mucho porque tenía una forma muy divertida de jugar y de ver el fútbol. Le dijeron que sí y él se emocionó, le encantaba el fútbol.

6. El mejor entrenador:

Llevaban días de entrenamiento , y todos estaban muy contentos ; era un gran entrenador. También estaban nerviosos porque se acercaba ya el día de su primer partido con entrenador nuevo. Se enfrentaban al Payo Team, eran los octavos en la liga.

7. El peor día de su vida:

¡ Píííí!. Empieza el partido. El Payo Team tiene el balón, juega con tranquilidad y tienen todo el rato la posesión del balón. Avanzan poco a poco. Se acercan al área. Recibe el balón el capitán y sin pensárselo dos veces chuta y…¡goool!.

Tras este gol los Futbo-Draco se entristecieron y se desanimaron . No daban pie con bola y cada diez minutos les metían un gol. Resultado 7-0.

Primera derrota y muy contundente. Se fueron con un bajón muy grande.

8. Motivaciones:

Durante los entrenamientos Jose no paraba de decir que no se sabe bien lo que es ganar hasta que no se pierde. ¡ Nosotros ya hemos perdido , pues ahora la victoria nos sentará mucho mejor! Solo tenemos que divertirnos y hacer un trabajo en equipo; eso si que es ganar, no el resultado.

9. Los mejores:

Tres meses después los periódicos no dejaban de dar noticias sobre los Futbo-Draco: " Racha maravillosa de los Futbo-Draco. Escalan posiciones hasta el segundo puesto de la liga. Clasificación: 1º Remolinos, 2º Futbo-Draco, 3º Frixión Ball, 4º Reto

Sors, 5º Negrinos, 6º Rino Tess, 7º Mojados, 8º Payo Team, 9º Warn Town, 10º Tedi Bear, …

10. Partido decisivo:

Hoy es el gran partido Remolinos contra futbo-Draco.

¡ Vamos equipo! , ¡ vosotros podéis!, dice el entrenador que es un experto en motivaciones. ¡ Gracias mister! Gritan todos a la vez.

¡ Píííííí! Empieza el partido. Sacan los Remolino , que abren a la banda . El lateral corre como un galgo y llega hasta el área contraria , centra a su compañero , chuta y.. ¡gooool! . Ha sido un gol muy rápido. ¡ Vamos arriba equipo! ¡ a divertirse! . Grita el entrenador desde la banda.

Saca el Futbo-Draco desde el centro. Tocan el balón, una y otra vez; pero no encuentran hueco claro para poder marcar. Siguen pasándose el balón. Lo están haciendo muy bien hasta que un pase un poco desacertado hace que el Remolino recupere el balón y ataquen rápidamente .

Se encuentran al borde del área en un dos contra uno ; Izan y Samuel P. han podido bajar y mantener la defensa pero el delantero es muy técnico y regatea a los dos y tira a placer. ¡ Píííí´! Final del primer tiempo, 2-0.

En el vestuario los Futbo-Draco están muy frustados: " ¿ porqué perdemos? , ¿si estamos jugando muy bien?" Rápidamente salta el entrenador: " ¿ estamos jugando muy bien? Pues eso , muy bien. Nos estamos divirtiendo. Ellos son muy buenos. Pero nosotros nos divertimos más y eso vamos a seguir haciendo en la segunda parte, ¿ de acuerdo?". ¡Siii! ¡ Vamos Futbo-Draco! Gritaron todos antes de salir al campo.

Empieza la segunda parte. Los Futbo-Draco han salido motivados y están jugando muy bien . Leo conduce el balón , se lo pasa a Alejandro. Alejandro a Adrián que ve el desmarque de Samuel B. Samuel B. se prepara y según le viene el balón engancha un zapatazo que se cuela por la escuadra. ¡Madre mía! ¡espectacular! ¡qué golazo!

El partido continúa y el Remolino está sufriendo la presión del 2-1. Roba el balón Santiago para los Futbo-Draco. Balón raso al área , se cuela entre dos defensas y Javier muy atento aprovecha el rechace para marcar el 2-2. Esto se pone interesante.

El Remolino saca de centro, pasa hacia atrás. Se pasan el balón unos a otros esperando el despiste de la defensa. Ven un hueco , chutan y…¡ paradón de Keko! ¡ Vaya manopla que ha sacado, parecía que el balón se iba a colar a la red! Es un porterazo. Saca de boleón rápido ya que los jugadores del Remolino están todos atacando y su defensa se ha quedado a cuadros. Recibe el balón Javier parando el balón de manera magistral. Levanta la cabeza y ve a Samuel B solo . Samuel B. sin parar el balón centra a Adrián que se planta solo ante el portero. Dispara y…¡goooooool!. Todo el banquillo sale a celebrar el gol tirándose encima de él.

Saca de centro el Remolino y ¡ píííííí! , final del partido. ¡ Futbo-Draco campeones de liga! Todos los jugadores van a abrazar al entrenador. Él emocionado les dice: " os lo dije, que había que seguir divirtiéndose. Había que seguir disfrutando de lo que nos gusta , que es jugar al fútbol. El resultado es la amistad que tenéis, el esfuerzo que dedicáis, la ilusión por evolucionar y jugar cada día mejor, eso es lo que importa. Estoy muy contento de vosotros, aunque el resultado hubiese sido otro. ¡Enhorabuena!".

11. Champions League : Continuará…

(F. J. P. P.)

LAS AVENTURAS DE ELODY Y CLAIRE

Todo empieza cuando Elody, una turista en París, paseando por orillas del Sena decide buscar un hotel. Su exterior tenía buen aspecto pero al entrar en la habitación se sorprendió de la suciedad que allí había. Incluso había cucarachas . Decidió marcharse y buscar otro lugar donde dormir. Se puso a andar pasando por el museo del Louvre, la catedral de Notre Damme, los Campos Elíseos, el Arco del Triunfo y la Torre Eiffel. Se situó debajo y pensó : ¿ cómo se verá París desde las alturas? De camino a la taquilla para pagar la entrada a la torre se cruzó con una ratita , ésta le saludo y Elody se frotó los ojos .¿ Me habla una rata? , se preguntó a si misma.

La ratita le dijo: Hola, soy Claire ¡ encantada! ¿ Quieres conocer los túneles subterráneos de la ciudad? Allí está nuestra pequeña ciudad con restaurantes, tiendas, monumentos,.. Es el París de las ratas.

Le entraron tantas ganas que se olvidó de la torre Eiffel, y salieron a toda prisa . De un salto echaron a la carrera. Pasearon por los túneles hasta llegar a un ensanche. ¡Guau! , había de todo , no mentía en nada. Claire quedó maravillada. Vio que era tarde y salieron de los túneles para buscar donde dormir. Buscando hotel llegaron a Montmatre un barrio de artistas muy bonito de París. Vieron el Sacre Couer , el Moulin Rouge…

Elody estaba cansada, había sido un día increíble e intenso. Llegaron a la puerta de un hotel. Se despidió de Claire. Ésta se giró y empezó a correr calle adelante. Elody al sacar del bolso el monedero vio que no tenía el billete de avión. ¡ Claire, ayúdame que perdí el billete de avión !. Gritó Elody. Claire paró de correr y se volvió. La ratita le guió por el camino más rápido hasta la Torre Eiffel, mientras Claire decía: " tiene que estar allí en el suelo, se ha debido caer cuando he sacado el monedero para ir a pagar la entrada , para subir a la Torre Eiffel". Llegaron al sitio exacto donde se saludaron y unos pasos más atrás estaba el billete de avión. Al cogerlo le preguntó Claire a Elody: ¿ te gusta París? Si contestó. ¿ Y piensas volver a visitarlo? Claro, en cuanto tenga un fin de semana libre vuelvo.

Pasó un año hasta que Elody pudo volver a París debido a su dedicación a los estudios.

Una vez allí fue rápidamente a las Catacumbas , los túneles subterráneos donde se encontraba el París de las Ratas. Avanzó poco a poco hasta que divisó a lo lejos Ratilandia, como lo llamaba ella. Y empezaron a aparecer muchas ratas que iban de un lado a otro. De repente una ratita se paró y se giró asombrada : " ¿ Elody, eres tú?. Sin mediar palabra se fundieron en un abrazo. " Pensaba que no volverías", dijo Claire.

Elody le explicó lo duro que había sido el curso pero que le iba a recompensar llevándola a Disneyland y pasar dos días allí con ella. A Claire le pareció una gran idea.

Una vez en Disney se alojaron el hotel más grande. La habitación tenía un agujero en la esquina donde se encontraba la cama. De repente salió una rata y se puso a hablar con Claire en un idioma raro, sería en "ratés". Al terminar la conversación Claire le dijo a Elody: - Necesitan para la reina de las ratas de Cenicienta , que está gravemente enferma , una proteína que solo se encuentra en el jamón de bellota. Y al verme contigo han pensado que quizás tú puedes ayudarles a conseguirlo - .

¡Claro! Aprovechamos hoy; y mañana sin falta vamos a España que allí yo sé dónde conseguir el mejor. Dijo Elody.

Montaron en atracciones, vieron espectáculos, conocieron personajes y cenaron en un restaurante temático. Acabaron reventadas.

Al día siguiente cuando se iban a despedir en el aeropuerto, Claire le dijo a Elody: - yo me voy contigo quiero ayudar a la reina de las ratas de Cenicienta y además quiero visitar España - . – Vale, te metes en el bolsillo de la cazadora y no creo que haya problema - .

Y así fue.

Al llegar a España Elody le enseñó Madrid (el Museo del Prado, El Retiro, el Palacio Real, la puerta del Sol, la Plaza Mayor,..) y aprovecharon para comprar un jamón de bellota. A Elody le pareció tan importante que compró un jamón entero y así podrían tener reservas para tratar esa enfermedad de las ratas parisinas.

Después marcharon al barrio de Elody, La Latina, a descansar y así coger un vuelo lo antes posible y poder salvar a la reina de las ratas de Cenicienta. Debido a esta urgencia Elody le prometió a Claire que la siguiente visita a Madrid le llevaría a la Warner , la pequeña Disneyland (como le llamaba ella a este parque de atracciones).

Ni durmieron esa noche pensando en la reina de las ratas de Cenicienta. Elody cogió su avión; jamón de bellota en mano y rata Claire en bolsillo.

Al llegar a Disneyland se alojaron en el mismo hotel y misma habitación.

Al escuchar ruido en la habitación asomó la cabeza una rata por el agujero y vio que era Claire y Elody. Se pusieron muy contentas y salieron muchísimas ratas del agujero a dar las gracias por ayudarles. Cogieron una loncha de jamón y se la acercaron a la reina de las ratas de Cenicienta. En solo segundos mejoró . Era un milagro.

Claire quedó fascinada por el poder de la amistad. Su corazón se llenó de bondad, ilusión y fuerza. Todo gracias a esa magia tan fuerte como es la amistad.

(J. M. P.)

LOS HERMANOS DEL TIEMPO

En Seattle vivían dos hermanos que se llamaban Owen y Dereck. Ellos tenían doce años. Eran muy traviesos, les encantaba investigar y revolver todas las cosas de sus padres.

Una tarde estando sus abuelos en casa bajaron al sótano a investigar y a mirar estantería por estantería. En la primera a la izquierda nada más bajar la escalera había una caja grande tapada con una manta. La retiraron y en su interior había cintas de VHS con la serie de los años noventa llamada: " Los expertos en máquinas del tiempo". No tenían ni idea de que se trataba pero empezaron a imaginar en lo que harían si tuvieran una máquina del tiempo. Junto a la caja había un libro : " Todo sobre el viaje en el tiempo". - ¡qué interesante!. Dijo Owen. Detrás de la caldera hay una caja gigante, más alta que ellos; tapada también con una manta. Se acercan, retiran la manta. - ¡ooohh!, ¡pero si es una máquina del tiempo! Prometieron guardar el secreto y al día siguiente viajar en el tiempo. Subieron a la casa, callados. Los abuelos les preguntaron que si estaban bien a lo que respondieron que si , mirándose de manera sospechosa. Cuando se acostaron , los abuelos marcharon a su casa.

Al día siguiente Owen y Dereck bajaron al sotano. - ¿Y la máquina del tiempo? , ¡no está!. ¡ Tenemos que investigar quién la ha robado!

Preguntaron a sus padres y decían que no sabían nada del tema. Y que a casa no había entrado nadie a robar. Los hermanos empezaron a dudar de las palabras de sus padres. Y a decir que iban a ir a la policía. Los padres empezaron a reír. - ¡ pero eso no puede ser , una máquina del tiempo! .Owen y Dereck salieron por la puerta enfadados.

Camino de la comisaría se encontraron con sus abuelos : Benn y Amelia. Y les vino un sentimiento extraño como si sus abuelos tuviesen algo que ver en este asunto.

En vez de ir a la comisaría fueron con sus abuelos a desayunar a su casa. Y mientras los abuelos se duchaban , fueron al garaje y ¡ eureka!. Estaba la máquina del tiempo. Entraron a la casa enfadados a pedir una explicación. Los abuelos no tuvieron más remedio que contarles la verdad: - Como ya sabéis somos ingenieros y siempre quisimos viajar en el tiempo, tardamos más de veinte años en fabricar esta máquina. Cuando lo conseguimos nos dimos cuenta que lo que queríamos no era viajar en el tiempo si no aprovecharlo mejor, disfrutar de cada segundo de la vida que en parte hemos elegido. No queríamos arriesgarnos a posibles fallos y si por un casual no volviésemos del viaje por el tiempo ; no nos perdonaríamos el no volver a veros. Por eso la escondimos en el sótano. Y por eso la trajimos ayer aquí, a nuestra casa.

Cuando os acostasteis bajamos al sótano y vimos que lo habíais descubierto. Y no queremos que viajéis en el tiempo si no que aprovechéis éste , junto a las personas que queréis.

Owen y Dereck quedaron pensativos. Dereck dijo:- ¿ puede ser que si viajamos, no os veamos más, no podamos regresar aquí y ahora?-. – Eso es - . Pensarlo bien si es lo que queréis. Owen dijo: - No, no queremos , es más; creo que debemos destruir la máquina.

Así fue como la máquina del tiempo desapareció para siempre y como Owen y Dereck aprendieron que lo importante es vivir el aquí y ahora y con las personas que te quieren.

(N. R.)

84

**Gracias a los duendes,
que tanto enseñan..**

Sonreír todos los días, disfrutar de los placeres que nos da la vida, aprender de cada persona que se cruza en nuestro camino, sentirse único, ayudar en todo momento, estar siempre dispuesto para las personas que nos quieren, experimentar para tener fuerza en los momentos duros y difíciles, pensar que todo tiene solución y sobre todo; sentir cada minuto que lo que eres y cómo eres , es lo que siempre has querido ser y que no cambiarías tu vida por la de nadie. Si logras esto es que has puesto voluntad y esfuerzo en el camino de tu evolución como persona. ¡Enhorabuena eres libre!

Índice

Prólogo 7

POEMAS 9

   Poema para el profe 11

   Mi madre 12

   Mi amiga 13

   Los Regalos 14

   Navidad 15

   Flor 16

   Cómo tú hay pocas 17

   Luciérnagas 18

   Mi galaxia 19

   Compañera 20

   Tu latido 21

   Bufo como un gato 22

   Nervios 23

   El reno 24

   Brisa 25

   Bombón 26

   Peluche 27

   Despertar 28

La más guapa 29
Corriendo como galgos 30
Paz 31
Enseña 32
Poema dedicado 33
Vida 34
Rabia 35
El tiempo 36
La herida 37
El aficionado 38
Pantalón manchado 39
Por un pelo 40
Pensamientos 41
El agua está helada 42
Mi oasis 43
Por su amor muero 44
Mi selva 45
Mi Tom 46
Esencia de amor puro 47
Tu hijo y tu amigo 48
Como la trucha al trucho 49
Vuelta a España 50
GENERACIÓN DEL 24'5 51

CUENTOS 53
ALISA Y LA FLOR DORADA 55
DAKI Y DEKI 57
FEDERICO Y EL ELEFANTE MULTICOLOR. 63
AVENTURAS DEL HUSKY Y LA HUMANA 67
BÚSQUEDA EN EL OCÉANO 69
PLANETA VAMPIC 71
LOS FUTBO-DRACO 73
LAS AVENTURAS DE ELODY Y CLAIRE 79
LOS HERMANOS DEL TIEMPO 83